VIE

DE

S. VÉRÉDÈME

D'abord Ermite à Sanilhac

dans le diocèse d'Uzès

PUIS ÉVÊQUE D'AVIGNON

suivie

de son Office liturgique et de Prières en son honneur

Par AUGUSTIN CANRON.

AVIGNON

Aubanel frères, Imprimeurs de N. S. P. le Pape
et de Mgr l'Archevêque.

VIE

DE

S. VÉRÉDÈME

D'abord Ermite à Sanilhac

dans le diocèse d'Uzès

PUIS ÉVÊQUE D'AVIGNON

suivie

de son Office liturgique et de Prières en son honneur

PAR AUGUSTIN CANRON.

AVIGNON

AUBANEL frères, Imprimeurs de N. S. P. le Pape
et de Mgr l'Archevêque.

Le nom de Saint Vérédème est plus connu qu'on ne le pense généralement. Quoique ce bienheureux Évêque n'ait eu, à proprement parler, aucun historien spécial de ses héroïques actions, il n'en a pas moins trouvé chez la plupart des hagiographes une place pour les principaux événements de sa vie. Ainsi, les Bollandistes reviennent trois fois sur son compte (1er vol. de juin, 4e vol. d'août et 1er vol. de septembre) ; Dom Mabillon fait mention de lui dans ses *Annales* Bénédictines; le père Baralis dans sa *Chronologie de Lérins* ; le minime Simon Martin dans ses *Sacrées Reliques du Désert* ; le Célestin Gonon dans ses *Vitæ Patrum Occidentis* ; l'Oratorien Le Cointe dans ses *Annales ecclésiastiques de la France* ; Vincent de Beauvais dans son *Speculum majus* ; St. Antonin de Florence dans son *Histoire ecclésiastique* ; Raulin, religieux de Cluny , dans son *Sermon sur saint Gilles* ; Viel et Robin dans leur *Histoire de la vie monastique* ; le bienheureux Pierre Canisius dans son *Martyrologe Germanique* ; du Saussay dans son *Martyrologe Gallican* ; Ferrari dans son *Catalogue général des Saints* ; Messieurs de Sainte Marthe dans leur *Gallia Christiana*, etc. Et nous ne parlons pas des écrivains Avignonais, tels que le chanoine de Nouguier, le Carme Fantoni , l'évêque Joseph-Marie de

Suarez , le marquis de Cambis–Velleron , le pré-
vôt de Massilian, l'abbé de Véras et autres qui ont,
d'une manière plus ou moins étendue, conservé à
leurs compatriotes le souvenir de son épiscopat.

Nous avons pris connaissance de tout ce que ces
auteurs ont écrit sur son compte. Puis, après avoir
examiné les pièces de nos *Archives*, soit *départe-
mentales*, soit *municipales*, qui peuvent avoir trait à
sa bienheureuse mémoire ; et après avo.r visité tous
les lieux que la tradition nous assure avoir été
illustrés par sa présence bénie, nous avons composé
le petit travail que nous livrons aujourd'hui à la
publicité. Nous avons tenu à ce qu'il parût dans le
format et sur le plan de la *Vie de St Agricol* que
nous avons composée en 1861, et de celle de
St Didier que nous avons publiée, l'année suivante.
De la sorte, il sera le troisième volume d'une *collec-
tion d'hagiographie Avignonaise* que nous espérons
bien pouvoir mener à bonne fin.

En attendant , tout notre désir est de voir cet
opuscule faire revivre, pour la plus grande gloire
de Dieu, dans la pensée de nos compatriotes, l'im-
posante figure d'un Saint qui était autrefois tant
en honneur dans nos contrées.

Avignon, le 16 juin 1869.

Fête de Saint Gens, ermite dans les solitudes du
Baucel-sur-Pernes.

VIE DE S. VÉRÉDÈME

CHAPITRE PREMIER.

Patrie de Saint Vérédème et date de sa naissance. — Il quitte sa famille, et part pour les Gaules afin de se faire Ermite.

es souvenirs qui nous restent de la vie de Saint Vérédème sont en bien petit nombre. C'est à peine si la tradition nous a conservé le nom de sa patrie, l'indication de son ermitage et la date de son épiscopat.

De tous les historiens qui se sont occupés de sa bienheureuse mémoire, François de

Nouguier, chanoine de Notre Dame des Doms
au **XVII**e siècle, est le seul, avec le célestin Gonon, qui ait groupé ensemble les di-
vers témoignages du passé sur les actes de ce
grand évêque. Il leur a consacré, pour sa part,
deux pages de son *Histoire Chronologique de
l'Eglise d'Avignon.* (1)

Dès la première ligne de son travail, il nous
apprend que saint Vérédème était *Grec de na-
tion*; ce qui coïncide parfaitement avec l'étymologie de son nom (φέρω et δῆμος), si toutefois c'est là son véritable nom, ainsi que nous
le ferons observer plus loin.

Nous n'en savons pas davantage sur la patrie
de notre Saint, et, quelques recherches que
nous ayons faites, il nous a été impossible de
découvrir non seulement dans quelle ville
de la Grèce, mais encore dans quelle province de cette contrée célèbre, il avait vu le
jour.

Encore moins, par conséquent, nous a-t-il
été possible de trouver son nom patronymi-
que et la condition de ses parents. L'oubli

(1) Nouguier. *Hist. Chronol. de l'Eglise, des Eves-
ques et Archevesques d'Avignon*, page 25.

couvre de son ombre toutes ces désignations, et **Vérédème**, puisque c'est de la sorte que l'ont appelé ses contemporains, aura voulu dans son humilité, comme un autre saint Alexis, laisser ignorer à ses compatriotes d'adoption et le nom de son pays natal, et celui de sa famille. Il n'était déjà, du reste, à son grand regret, que trop trahi par l'accent hellénique de son langage et le type grec de sa figure !

Quant à l'époque de sa naissance, il nous est facile de la préciser. Il succéda, en l'an 700, à saint Agricol sur le siége épiscopal d'Avignon; il était alors dans la 40e année de son âge, à en juger par le texte de son épitaphe que Fornéry (de Carpentras) nous a conservé: « Il vécut, dit-elle, 61 ans environ,.. et il mourut la 22e année de son épiscopat. » Or, s'il avait 61 ans *la 22e année de son épiscopat,* c'est à dire en l'année 722, il faut admettre qu'il naquit vers l'année 660, sous le Pontificat du Pape Saint Vitalien et le règne de l'Empereur Héraclius III.

On croit généralement que, porté de bonne heure à la vie contemplative, il quitta tout jeune sa patrie pour chercher au

loin une solitude où il pût se donner entièrement à Dieu sans réserve et sans partage.

L'écrivain dont nous venons de parler, fait
entendre que sa famille combattit énergique-
ment le penchant prononcé de notre Saint
pour la retraite, et que l'opposition de ses
proches fut le motif déterminant de son exil
volontaire : « ne pouvant, dit-il, dans son pays,
pour le trouble et empêchement de ses parents, satisfaire à son désir, et trouver où passer une vie retirée en Dieu, loin des inquié-
tudes du monde. »

Nouguier est, sur ce point, pleinement d'a-
cord avec le plus ancien bréviaire d'Uzès.
Voici, en effet, ce qu'on lit à la légende du
Saint dans ce livre liturgique : « Vérédème
montra dès son enfance un goût particulier
pour la loi de Dieu,... et, bien que vivant au
milieu des hommes, il vivait en esprit dans la
société des Anges...... En attendant que vînt
le temps de la dissolution de son corps,
il résolut d'abandonner sa patrie , de
quitter ses parents et de chercher un désert
où il pût, seul à seul, vivre avec Dieu même.
Voyant qu'il ne pourrait mener la vie érémitique après laquelle il soupirait, s'il restait dans

son pays,.... il conçut le désir de passer dans les Gaules. (1). »

Nouguier ajoute que la terre des Gaules était *pour lors florissante en sainteté.* Et de fait, elle était alors couverte de monastères célèbres dont la renommée remplissait le monde entier: il suffit de citer ici, à ce propos, Marmoûtier, Montmajour, Condat, Luxeuil, Chelles, Fleury et Lérins pour évoquer les plus glorieux souvenirs des annales monastiques. A cette époque aussi, vivaient sur le sol français la reine sainte Bathilde, l'illustre saint Romaric, la bienheureuse Matefelde, saint Aimé de Remiremont, saint Guilhain du Hainaut et tant d'autres personnages, dont les vertus embaumaient la Chrétienté de leurs suaves parfums.

L'on comprend aisément pourquoi saint Vérédème choisit la terre des Gaules pour en faire le lieu de son séjour. Cependant il ne put réaliser tout de suite son dessein ; il fut, paraît-il, longtemps à attendre une occasion favorable pour le mettre à exécution. C'est ce

____

(1) *Breviar. Antiq. Uceciense,* cité par les Bollandistes (*Acta Sanct.* 4ᵉ vol. d'Août. p. 639.)

que le vieux Bréviaire d'Uzès nous donne à comprendre, quand il raconte que, « enfin, il rencontra des marchands marseillais qui se préparaient à appareiller pour retourner à Marseille. »

Vérédème se joignit à eux. « Des vents favorables, dit un autre Bréviaire d'Uzès, portèrent les navigateurs en Italie ; de là, le Saint passa par mer dans les Gaules et aborda aux côtes de la Provence. Dans le cours de son voyage, il montra partout des marques d'une si grande vertu et d'une si haute piété que le renom de sa sainteté se répandit parmi les populations qu'il visita (1). »

Il serait à croire, d'après cela, que le Saint aborda en premier lieu à quelque port de la mer Adriatique, et qu'il traversa l'Italie en large, la *Grande Grèce*, comme on l'appelait alors, afin de venir s'embarquer pour les Gaules à l'un des ports de la mer Méditerranée.

(1) Bréviaire d'Uzès du XVIIe siècle, cité (*ibidem*) par les Bollandistes.

CHAPITRE II.

Les diverses solitudes que Saint Vérédème illustra par sa présence, avant d'arriver à la grotte de Sanilhac.

ouguier désigne le port de Marseille comme le point où Vérédème prit terre sur le territoire des Gaules, et, en cela, il semble être d'accord avec l'ancien Bréviaire d'Uzès qui fait quitter la Grèce à notre Saint sur un vaisseau de traficants marseillais. Le Bréviaire du XVIIᵉ siècle que nous venons de citer, sans être aussi explicite que notre historien, contient un mot cependant qui est toute une révélation en faveur de notre légende : « Vérédème, dit-il, aborda aux côtes de Provence. »

Si l'on réfléchit à l'appellation que l'on donnait encore, au VIIᵉ siècle, à celle des embouchures du Rhône qui est la plus raprochée de Marseille *(Ostium Rhodani Massilioticum)*, et si l'on songe aux relations incessantes que le cours de ce fleuve établissait alors avec les bords de la Méditérranée, on est amené à conclure que le texte de Nouguier et celui du second Bréviaire d'Uzès sont moins contradictoires qu'ils ne le paraissent de prime abord. Le navire qui portait saint Vérédème peut, en effet, avoir touché aux bouches mêmes du Rhône, sans s'être éloigné du territoire de Marseille qui s'étendait jusque là.

Cette interprétation de la tradition locale ne repose, il est vrai, sur aucune base historique de nous connue ; mais pourtant, on en conviendra, elle ne manque ni de vraisemblance, ni de probabilité. Elle explique, d'ailleurs, mieux que toute autre, les pérégrinations de notre Saint sur le vieux sol des Gaules.

Interrogeons maintenant les souvenirs qui restent de saint Vérédème en Provence ; car le nom du bienheureux Anachorète n'est-pas moins connu dans cette province que dans celle du Languedoc. D'après la tradition provençale, c'est à l'endroit où s'élève aujourd'hui la ville d'Eyguières que saint Vérédème aurait fait sa première halte dans l'épaisseur d'un hallier. Ce lieu se trouvait alors en pleine

Crau, à une grande distance de toute habitation. A peine débarqué, notre Saint dut se lancer dans la solitude qui s'ouvrait à perte de vue devant lui. Il n'est pas à croire qu'il se dirigea d'abord sur Arles; tout porte, au contraire, à penser qu'il inclina sur la droite, afin d'éviter cette ville, la cité d'*Ugernum* (Beaucaire) et celle de Tarascon. Quoiqu'il en soit, il est certain que les bergers de la *Crau* sont, depuis des siècles, placés sous sa protection,— que la ville d'Eyguières, dont la fondation est antérieure à l'année 1189, le reconnaît pour son principal patron, — et que, dans le cimetière de cette petite cité, on voit un vieil ermitage et une chapelle romane qui portent l'un et l'autre son nom.

Il s'en faut de beaucoup que notre pays étalât, à cette époque reculée, l'exubérance de mouvement et de vie qu'il offre maintenant à nos regards: autour des cités, ne se groupaient pas cette multitude de villages, de hameaux et de fermes qu'on y rencontre à cette heure; c'étaient des terres à demi défrichées et entièrement solitaires, coupées çà et là par des forêts épaisses ou par de profonds marécages. Vérédème n'eut pas grand peine, de la sorte, à éviter tout contact avec les villes. Il ne put toutefois, empêcher sa sainteté de marquer son passage dans ces lieux déserts ; aussi les bergers furent-ils bientôt sur ses traces, pieusement empressés de lui offrir l'hommage de leur vénération et de leur respect.

Il s'éloigna d'eux, et, loin de se réfugier dans les gorges des Alpines que traversaient deux voies romaines et qu'avoisinaient *Ernaginum* (St Gabriel) et *Glanum* (St Remy), il passa cette chaîne de montagnes et s'arrêta au milieu de marais, non loin des rives de la Durance. D'Eyguières, en effet, la tradition provençale nous conduit à Verquières, humble paroisse rurale située sur les terres paludéennes qui s'étendent entre Orgon et Château-Renard. Une petite église, aussi ancienne que celle des *Alyscamps* d'Arles, y reconnait saint Vérédème pour titulailaire, et y détermine le point de sa seconde station. C'était là, au VIIe siècle, un lieu tout à fait désert dont la végétation consistait uniquement dans des touffes de joncs croissant sur les nombreux îlots de vastes marécages.

Une autre tradition dont les écrivains avignonais du dernier siècle se font encore l'écho, porte que Vérédème découvrit un petit réduit sur la rive droite du Rhône, en face du confluent de la Durance, et qu'il y vécut pendant quelque temps de la vie érémitique. Poursuivi, selon toute apparence, jusque dans les marais de Verquières par la vénération des bergers, il se sera hâté de se dérober à leurs regards en descendant le cours de la Durance, et en mettant le Rhône entre eux et lui. A supposer que ce réduit ait jamais existé, il faut avouer qu'il n'en reste aujourd'hui, et depuis des années, aucun vestige, et à nos yeux, ce serait étrangement se hasarder que de fixer par l'ancienne chapelle de St Julien, sur les collines des Angles, la place de la troisième station du Bienheureux.

Mais dans le cas où la tradition avignonaise né serait pas fondée sur ce point, rien n'empêche de croire à une halte de saint Vérédème dans quelqu'une des nombreuses anfractuosités de la montagne qui longe le Rhône, depuis les Issarts jusqu'à Aramon. Il est même en quelque sorte permis de penser que, voyant sa nouvelle retraite découverte également par la vénération publique, le saint, Ermite se sera éloigné des environs de la ville d'Avignon pour s'engager dans la vallée du Gardon, qui, plus bas, va se développant déserte, abrupte, et solitaire dans la direction du couchant.

La tradition locale se tait complètement sur les points qu'il aurait habités en aval du du Pont du Gard. Lorsque les solitaires de la Thébaïde voyaient leur retraites découvertes, ils s'enfonçaient plus profondément dans les *steppes* jusqu'à ce qu'ils pussent vivre en toute liberté, loin des regards humains, sous le seul œil de Dieu, à l'exemple de ces Saints des anciens jours *dont le monde n'était point digne et qui, couverts de peaux de brebis ou de chèvres, erraient dans les solitudes, sur les montagnes, se retirant dans les antres et les cavernes de la terre.* Vérédème en agit très certainement de la sorte, lui qui ne voulait que Dieu pour témoin de ses actions. Nous regardons pourtant comme probable qu'il ait tour à tour sanctifié diverses excavations de la vallée du Gardon : au fur et à mesure qu'il se voyait découvert (chose qui lui arriva plus d'une fois, sans doute, à cause de la proximité du Rhô-

ne) , il remontait le cours de la rivière, tou-
ours à la recherche d'une plus grande solitude.

CHAPITRE III.

*Saint Vérédème arrive à la grotte de Sanilhac,
et y fixe son ermitage.*

n amont du Pónt du Gard,
ce chef d'œuvre d'architecture que Vipsanius Agrip-
pa fit élever sur le Gardon
dix neuf ans avant notre
ère, pour amener à Nîmes
les eaux de la Fontaine d'Eure, existe une
grotte que la tradition locale désigne
comme ayant servi d'habitation à notre
Saint.

Elle s'ouvre sur la vallée du Pont du Gard
que l'on connait communément sous le
nom de la *Balousiéro* ou de *Valauriére,*
de *Vallis auræ* (Vallée de la bise). Elle
est située au Nord, sur la rive gauche du Gardon, non loin de saint Privat, et elle fait par-

tie du territoire communal de **Vers**. Au devant de cette grotte, existent encore des batiments assez étendus pour avoir jadis abrité trois ermites contre les intempéries de l'atmosphère.

Cette caverne a pu avoir fixé le choix de notre bienheureux Anachorète; mais elle est trop rapprochée des lieux habités pour qu'il ait du y faire un long séjour. Au **VII**e siècle, du reste, il y avait, dans le voisinage de la *Balousièro*, outre le Pont du Gard, une voie romaine qui menait de Nimes à Avignon et à Orange.

Quant au vallon délicieux, au fond duquel s'ouvre la grotte de l'ancien *Prieuré paroissial* de St Etienne ou **N.-D**. de Laval, dépendance de l'abbaye de St Gilles, il renfermait une espèce de *Campo santo* dont on retrouve encore de nos jours les vestiges tumulaires. Aucune tradition, quoiqu'on dise, ne témoigne en faveur d'un séjour de St Vérédème en cet endroit.

Mais qu'on remonte le Gardon, à quelques kilomètres au dessus de Collias, où le chapitre de St Didier d'Avignon percevait une dime pour la chapelle de l'ermitage de St Vérédème, dime dont les charges furent acquittées par le curé de **Remoulins** dans le temps où la chapelle de St **Vérédème** dont nous allons parler, était devenue inaccessible, et ne pouvait partant être desservie. Au dessus donc de Collias , dans le territoire de Sanilhac, l'on rencontre une solitude profonde. La rivière y trace son cours sinueux entre deux roches très hautes et très escarpées dont les flancs abruptes sont hérissés de buissons et de bois taillis , derrière lesquels apparaissent un certain nombre de cavités plus ou moins étendues dans les entrailles de la terre. L'une de ces cavités surplombe littéralement le Gardon, à près de vingt mètres d'élévation. Plus large que longue, elle forme plutôt une espèce d'auvent qu'une grotte proprement dite: c'est une sorte de plate-forme intérieure qui a pour toit la masse même du rocher. Son accès devait présenter de nombreuses difficultés, avant l'établissement de la rampe qui y monte aujourd'hui, et lorsque son entrée était obstruée de broussailles, elle pouvait facilement échapper aux regards les plus investigateurs.

C'est là que la tradition d'Avignon, comme celle d'Uzès et de Nimes, placent l'ermitage où S. Vérédème a résidé le plus longtemps, et sur ce point, elle est entièrement d'accord avec les descriptions qui ont été faites, à diverses époques, de la solitude de notre saint Anachorète. En parlant de lui, Nouguier dit que « son bonheur lui fit rencontrer près du fleuve du Gardon une caverne dans le roc que le ciel semblait avoir destinée pour exécuter son généreux dessein. » La *Vie des Pères des Déserts d'Occident* confirme le fait en disant aussi que « le long du rivage de la rivière du Gardon, *(sic)* il trouva le creux d'un rocher qu'il choisit. » Le Bréviaire d'Uzès du **XVII**e siècle affirme que cette retraite « était située sur les bords du Gardon dans le diocèse d'Uzès, tellement cachée que le nom et la demeure du saint Ermite étaient ignorés des villes et des villages voisins. » Les Bollandistes ajoutent que c'était « le creux d'un rocher très difficile, à cause de ses rudes anfractuosités. » Et le Père **Le Cointe** ne craint pas d'assurer, à son tour, que « l'aspect seul des lieux était effrayant. »

En effet, la vue seule des *belles horreurs* de la solitude de Sanilhac vous saisit et vous frappe. Puis, quand on veut essayer de gravir ce *soubaù*, ce creux de rocher illustré par la retraite du Saint, on s'aperçoit, dès les premiers pas, malgré les rampes qui, depuis peu de temps y conduisent, que la *montée* de ce réduit *est très difficile* et son abord très escarpé. Le bruit des flots qui courent au pieds même du rocher et qui, aux jours des grosses eaux, s'élèvent à plusieurs mètres au dessus des rives, achève de faire coïncider dans l'esprit l'aspect qu'offrent aujourd'hui ces lieux avec la description que le passé nous a léguée de l'ermitage de saint Vérédème.

Mais il y a plus. Depuis l'ancien prieuré de saint Nicolas de Campagnac jusqu'au célèbre Pont du Gard, l'on rencontre, pour le moins, vingt grottes sur les bords du Gardon. Chacune d'elles porte, accolée à son nom générique de *Baume*, une désignation particulière : c'est la *Baume Raymonde*, c'est la *Baume de Laval*, c'est la *Baume de saint Privat*, c'est la *Baume de la Balousièro*, c'est la *Baume de la Sarlanelle*, etc. Une seule est appelée uniquement la *sainte Baume*, ou plus simplement la *Baume*, et c'est celle de Sanilhac.

En outre, dans la petite chapelle

qu'elle couvre presque toute entière et dont nous parlerons bientôt, on lit une vieille incription du XIe siècle commémorative de sa consécration : Dedicacio Ecclesiæ S. petri viiii kl Sep. (Dédicace de l'Eglise de saint Pierre, le neuf des Calendes de septembre). Or, le neuf des Calendes de septembre n'est autre que le 24 du mois d'Août, et c'est précisément la veille de ce jour, le 23 du mois d'août, que le diocèse d'Uzès célébrait la mémoire de saint Vérédème et l'honorait comme ermite. Le rapprochement est frappant. N'ayant pu fixer au 24 août, à cause de la fête de l'Apôtre saint Barthélemy, celle du bienheureuxAnachorète, les rédacteurs du *Propre d'Uzès* l'auront fixée au 23, afin de se conformer à un antique usage qui, souvent, attachait la célébration liturgique de la mémoire d'un Saint à l'anniversaire de la Dédicace du sanctuaire que ce même Saint avait illustré par son nom, par son séjour, ou par ses miracles. (1)

---

(1) La fête de St Michel Archange porte encore dans le Calendrier romain le titre de *Dédicace de S. Michel.*

CHAPITRE IV

Saint Gilles rencontre saint Vérédème dans son désert de Sanilhac.

érédème se croyait à jamais perdu pour les humains dans son antre de Sanilhac, lorsque la divine Providence amena auprès de lui un jeune homme qui avait, comme lui, quitté le beau ciel de la Grèce, et s'était dirigé, comme lui, vers la terre de France afin d'y vivre en solitaire. Le nouveau venu, après avoir fait une halte à Arles, remontait les bords du Rhône, cherchant une solitude, lorsque la vue du Gardon l'invita à suivre les sinuosités de cette rivière. De rochers en rochers, il finit par arriver au pied de la montagne où s'était réfugié notre saint Ermite.

Dire quels furent les sentiments de ces deux saints personnages, quand ils se rencontrèrent, si loin du sol natal, à la poursuite du même but, serait chose impossible. Qu'on se rapelle le récit que nous a laissé saint Jérôme de l'entrevue touchante qui eut lieu, au fond des *steppes* de la Thébaïde entre saint Paul, *l'instituteur* de la vie érémitique, et saint Antoine, son *illustrateur*. Telle dut être sans aucun doute la rencontre de saint Vérédème avec son jeune compatriote.

La tradition et les vieilles légendes nous apprennent que, voyant le doigt de Dieu dans une pareille rencontre, les deux bienheureux résolurent de demeurer ensemble, quoique dans deux grottes séparées *(in specu diverso)* dit le Bréviaire d'Uzès du XVIIe siècle, afin de se livrer de concert, dans l'oubli du monde et de ses vanités, aux salutaires rigueurs de la vie anachorétique. Vérédème était le plus ancien dans le désert; le jeune homme se plaça humblement sous sa conduite et le prit pour son guide dans les voies de la perfection.

«Heureux, dit le Psalmiste, ceux qui attendent leur secours de vous, ô mon Dieu, et dont tout le désir est d'aller à vous ! Voyageurs dans cette vallée de larmes, ils cherchent le Seigneur comme la source des bénédictions; aussi le suprême législateur les en comblera-t-il: leur vertu grandira, à mesure qu'ils avanceront dans la vie, et le Dieu des Dieux se montrera à eux sur la montagne de Sion (1). »

Autre ne dût pas être la vie des deux saints solitaires de Sanilhac. S'animant l'un et l'autre comme deux Séraphins en extase, ils ne ne cessaient de chanter les louanges de la Divinité, et, quand leur voix se taisait, leur âme s'absorbait tout entière dans la méditation des choses du Ciel. Chaque jour, augmentait leurs mortifications et leurs pénitences, et chaque jour aussi voyait accroître leurs mérites. Nouguier a, dans un seul mot, fait la peinture de leur vie ; il les a appelés *deux Anges terrestres*, et il a eu raison. «Ils vivaient dans la chair comme n'en ayant pas ; ils étaient la représentation vivante de Jean-Baptiste, et pareils aux aigles des montagnes, ils prenaient, nuit et jour, leur essor vers les célestes régions (2). »

A quelques mètres au midi de l'anfractuosité dont nous avons parlé. et presque sur la

______

(1) *Psalm.* 83.
(2) Card. BONA. *Divin. Psalmod.*

même ligne, se trouve une *petite grotte*, *l'arctissima spelunca* du Bréviaire d'Uzès du XVIIe siècle à l'ouverture béante, qui naguè-res était inaccessible, et que l'on croyait cependant avoir été habitée par l'un des deux Ermites. Quoique le rocher parût, de prime abord en cet endroit, taillé à pic au dessus de la rivière, un examen attentif permettait cependant de découvrir sur ses flancs les restes d'un étroit passage qui avait dû mettre cette cavité en communication directe avec l'autre. La tranchée récente qui a été pratiqué sur ce point dans le vif de la pierre, a mis en évi-dence les vestiges de ce sentier véritablement aérien; elle a, de plus, permis de pénétrer dans la petite grotte, et d'y reconnaître creusées dans le roc les traces d'une ancienne ferme-ture, la place d'une table ou d'une couche, la représentation grossière d'une grande croix grecque au milieu de deux plus petites, et le point de suspension d'une lampe, preuves ir-récusables du séjour d'un homme et d'un chrétien dans ces lieux escarpés.

On dit, et la chose paraît probable, que saint Vérédème céda à son compatriote cette excavation d'un si difficile accès. Qui sait encore, si celui-ci, dans sa ferveur de novice, n'en fit pas lui même le choix, afin de mettre sa patience à plus dure épreuve? Ce qu'il y a de bien certain, c'est que la tradition et les anciens écrits veulent qu'ils aient mené tous les deux la vie érémitique en cet endroit, l'un dans une grotte et l'autre dans une autre, et qu'ils y aient élevé de leurs propres mains une chapelle en l'honneur du Prince des Apôtres, comme **S.** Gilles le fit, quelques années après, au monastère qu'il bâtit dans la vallée Flavienne.

Par le fait, il existe, comme nous l'avons dit, à l'une des extrémités de la première anfractuosité une petite chapelle dont la structure dénote au premier coup d'œil, la période carlovingienne la plus reculée. Dans ses petites dimensions (elle peut contenir douze personnes, tout au plus), elle affecte la forme basilicale et se termine par une absidiole circulaire; sa voûte à plein cintre est formée de moellons irréguliers noyés dans un mortier de sable et de chaux; son appareil en pierres plates séparées par des couches épaisses de mortier rappelle à la fois *l'opus minutum* des Romains et la naissance du style romano-byzantin; (1) les ornements y brillent par leur absence; une ouverture cintrée oblongue et très étroite l'éclaire sur le vallon, et deux petites portes, l'une en face de l'abside, l'autre du côté de l'Évangile, la font communiquer avec l'extérieur.

A quoi bon ces deux entrées pour une enceinte aussi exigue, si l'une n'était pas destinée à l'habitant de la grotte escarpée, et l'autre à l'Ermite de l'anfractuosité elle-même? En effet, la première s'ouvre à la naissance même de l'étroit sentier que nous mentionnions tout à l'heure, et la seconde est abritée par l'auvent naturel que forme le *soubàu* de saint Vérédème. Nous affirmons donc. jusqu'à preuve du contraire, que cette chapelle était le trait d'union entre les deux solitaires habitations: Vérédème y allait de plein pied de la sienne, et son compagnon, obligé de sortir de son antre, y pénétrait par la porte qui donnait à l'extérieur.

---

(1) M. Revoil architecte du gouvernement et de plusieurs diocèses, présente cet édicule de St Vérédème comme la plus ancienne construction chrétienne du bas Languedoc. (*Architecture Romane du midi de la France*, Préface, planche II et au texte.)

Deux années s'écoulèrent en ces lieux pour les bienheureux Ermites, dans une sainte communauté d'austérités et de prières. Un jour, Dieu leur demanda un sacrifice, celui de la séparation. Ni l'un ni l'autre n'était capable de reculer. Ils s'inclinèrent tous les deux devant la volonté divine qui leur paraissait surabondamment manifestée par les événements, et le disciple, après le baiser d'adieu, s'éloigna de son maître dans la direction de la *Forêt gothique* qui s'étendait au midi jusqu'à la mer.

CHAPITRE V.

Les vertus dont saint Gilles et saint Vérédème donnent le ravissant spectacle dans le désert de Sanilhac, et les miracles éclatants qu'ils y opèrent.

près avoir précisé le lieu de la retraite de Saint Vérédème, le chanoine Nouguier ajoute : « C'est dans ce lieu.... ... qu'éloigné du commerce du monde, et soutenu par la seule main du bon Dieu, il se prépara pour mériter en cette heureuse course, des couronnes éternelles. » Mais, comme, selon la parole de l'Apôtre, ne sera couronné que qui aura combattu, notre auteur, afin de faire voir combien Vérédème était digne de l'auréole des saints, continue son récit en ces termes : « On ne saurait dire avec quels soins, veilles et jeûnes, il dompta les assauts de la chair contre l'esprit. Son ordinaire et plus délicate nourriture n'était que des herbes crues. (1) Les illusions, les combats et les tentations, dont l'ennemi commun attaqua sa constance, furent

---

(1) Nouguier est ici en parfait accord avec le P. Le Cointe, qui dit de l'un de nos Saints qu'il *vivait des herbes sauvages du lieu*, qu'il *couchait par terre* et qu'il *buvait de l'eau des sources du fleuve*. Ceci est un nouvel argument en faveur de la tradition qui fixe à Sanilhac le principal ermitage de notre Saint. On y voit en abondance des fontaines jaillissantes par lesquelles le Gardon qui tarit vers Russan, reparaît dans le territoire de Sanilhac; et entre les fentes des rochers croissent une multitude d'herbages dont *l'asperge* n'est pas le moins à dédaigner.

sans nombre : il en fut victorieux par l'adorable signe de la croix et par la fermeté de la foi fondée sur la pierre vive de **Jésus-Christ.** »

Mais, pour nous servir encore des paroles de Nouguier, «**Dieu** qui ne laisse et n'oublie jamais ses fidèles serviteurs, » voulut faire éclater par une infinité de miracles les mérites» de saint Vérédème et de son bienheureux compagnon. A peine ce dernier était-il installé dans la grotte de Sanilhac, que, « par ses prières, il chassait la stérilité qui désolait tout le pays. » Un changement si subit dans l'état des lieux dut nécessairement provoquer l'attention des populations du voisinage : elles se mirent à en chercher la raison, et la découverte qu'elles firent des deux vertueux solitaires, les amena naturellement à l'attribuer à leur intercession puissante.

Il n'en fallut pas davantage pour attirer tous les nécessiteux de la contrée auprès des grottes de Sanilhac, où nos Saints, « par un continuel amas de vertus, se préparaient une gloire immortelle. » Depuis longtemps, on soupçonnait leur présence dans le pays : on avait vu parfois tantôt l'un, tantôt l'autre errer silencieux et pensif dans les bois, sur les bords de la rivière ou sur les montagnes; mais on n'avait osé par respect leur adresser la parole, et, comme le fait remarquer Nouguier, on ignorait *leur nom* et *leur demeure.*

Il n'est pas à présumer que, découverts dans l'antre de leur retraite, les bienheureux solitaires aient dévoilé à la foule des visiteurs le mystère qu'ils voulaient laisser planer sur leur condition et leur naissance : c'était bien assez que leur type et leur accent révélassent une origine hellénique. Le peuple, alors dût leur donner des noms, et, comme la langue grecque était, à cette époque, encore en usage dans nos pays, c'est à elle qu'il demanda des termes pour qualifier et désigner les deux Ermites grecs dont la présence était pour lui la source de tant de bénédictions.

Le plus âgé étant le premier à accueillir les malheureux qui se dirigaient vers *la Baume du Gardon*, reçut la domination de *Vérédème* ou *soutien* du peuple ($\varphi \acute{\epsilon} \rho \omega$-$\delta \tilde{\eta} \mu o \varsigma$), et le plus jeune marchant toujours suivi d'une chèvre, d'autres disent une biche, qui, *obéissant à un instinct merveilleux, s'était faite sa compagne et le nourissait de son lait,* fut nommé le *saint à la chèvre,* ($\alpha \check{\iota} \gamma \iota$-$\delta \tilde{\iota} o \varsigma$), et plus tard

Egidius ou *Gilles.* Nous ne voyons pas d'autre interprétation possible de leurs noms, à moins que celui de *Vérédème* n'ait été donné à notre Saint qu'à l'époque où, choisi pour succéder à saint Agricol, il fut proclamé *l'élu du peuple.* Ce qui se rend également en grec par les deux mots δῆμος-φέρω; car en Grèce on se servait autrefois du verbe φέρω pour exprimer les suffrages dans les élections populaires.

Quoiqu'il en soit de cette double étymologie, il est bien certain qu'une fois découverts par la reconnaissance publique, les deux Anachorètes furent mis souvent à réquisition pour implorer sur les nécessiteux la miséricorde de Dieu. Nouguier afûrme, d'après la tradition, « qu'un nombre infini de malades et des possédés, par leurs seules paroles ou l'attouchement de leurs mains, reçurent la parfaite guérison. »

« Un jour, continue-t-il, en l'absence de Saint Vérédème, un paralytique fut amené à S. Gilles pour être guéri ; ce que son humilité refusa, protestant que ce n'était pas à lui d'opérer des miracles, mais à son fidèle compagnon ; réponse qu'on ne doit point trouver étrange, attendu que, par les prières de saint Vérédème, Dieu faisait de si grands et extraordinaires miracles qu'il semblait, pour l'abord de tant de malades, estropiés, démoniaques et autres qui venaient de toutes parts chercher leur guérison, que ce désert fût changé en une ville bien peuplée. Saint Gilles néanmoins, touché par les importunes prières du peuple, guérit ce pauvre paralytique, et, après une telle merveille, pour éviter la vaine gloire, quitta son bon maître et l'ermitage, s'en allant chercher autre part, loin du tracas du siècle, une solide plus assurée. »

On ne saurait admettre après cela, quoiqu'en dise Nouguier, que saint Vérédème qui aspirait à la solitude autant que saint Gilles, ait pu, après le départ de celui-ci, prolonger son séjour dans la grotte de Sanilhac devenue de la sorte le but et l'objet d'un si grand concours ; aussi penchons-nous du côté de ceux qui, d'après la tradition avignonaise, veulent qu'il se soit éloigné, lui aussi, d'un lieu témoin de tant de merveilles opérées par son entremise.

Quand Abraham se sépara de Loth, il lui

dit : « **Si vous passez à gauche,** je passe à droite, et si vous passez à droite, je passe à gauche. » **Au** moment de leur séparation, saint Vérédème ne dut pas tenir un autre langage à saint Gilles. Celui-ci , nous l'avons vu, se dirigea vers le midi, et l'autre prît la direction des collines qui se développaient au levant. C'était là le seul moyen de se dérober aux visites importunes, et de s'arracher à la reconnaissance publique.

CHAPITRE VI.

Saint Vérédème est désigné par saint Agricol pour son successeur. — Il gouverne pendant près d'un quart de siècle l'Eglise d'Avignon.

Où S. Vérédème se sera-t-il fixé lorsqu'il aurait quitté Sanilhac ? Nous n'avons rien de bien précis à cet égard; mais nous serions assez disposé cependant à désigner son nouvel ermitage par la vieille chapelle romane

qui porte son nom sur le territoire de Pujault.
S'il est vrai qu'en cet endroit l'on ne trouve
pas trace de caverne, de *spelonque* ou de grotte, il n'en est pas moins certain que le roc
qui y fait le fond du sol, est trop friable pour
ne pas avoir subi depuis onze siècles des mo-
difications sans nombre et des diminutions
notables.

Du reste, tous les historiens d'Avignon s'ac-
cordent à dire qu'il y avait là même, en l'an
700 de notre ère, un bois épais et touffu,
dont on voyait encore les dernières futaies, il
y a cinquante ans à peine, auprès du rocher
de Carnas et autour de N. D. des Fours. Or,
l'exemplaire de *l'histoire* de Nouguier que
nous avons en notre possession et qui pro-
vient de l'ancienne Chartreuse de Villeneuve,
porte, écrits à la main au bas de la page 24,
cinq mots qui manquent au texte du bon
chanoine et qui, complètant sa phrase, dési-
gnent « *saint Vérédème qui dans la forêt*, menait une vie d'Ange. »

De plus, on trouve à Sanilhac, à la sortie
méridionale de l'immense grotte qui s'ouvre
sur un plan supérieur, à la droite et tout près
du *soubau* de saint Vérédème et de la caver-

ne de saint Gilles, un sentier qui porte le nom de *chemin d'Avignon* ou *de saint Vérédème* indistinctement. Il passe près de la *Combe de l'Avenc* qu'on dit être le cratère d'un ancien volcan, puis par la *pierre Bamboche* qui présente quelques points de ressemblance avec les *Menhirs* celtiques, et il se dirige vers le levant. La tradition assure qu'il traversait les collines de Pujault. Toujours est-il que saint Vérédème le prenait dans la suite, toutes les fois qu'il allait à la grotte de Sanilhac afin de retremper les forces de son âme dans la méditation et la prière.

A cette époque, l'Eglise d'Avignon avait pour Evêque saint Agricol. Cet illustre Prélat, « prévoyant, dit Nouguier, l'heure de sa mort approcher, ayant assemblé son clergé et son peuple,... les pria de vouloir élire saint Vérédème, qui dans la forêt, menait une vie d'Ange, et à qui Dieu avait départi la grâce du don des miracles;... aussi, après le décès de ce Saint, l'assemblée générale du clergé et du peuple, se ressouvenant des dernières paroles de son Pasteur, par un vœu commun et d'un consentement universel, l'an de Jésus-Christ 700, élurent saint Véréme... Bientôt le clergé, suivi d'une infinité de peuple, se transporta vers ce Saint dans son ermitage, et, malgré ses refus et les pleurs qu'il versait en abondance, moitié par prière, moitié par force, avec une pompe majestueuse l'amena dans Avignon, et l'assit dans la chaire Episcopale, lui rendant tous les hommages dus à un prélat d'un si grand mérite. »

Or, pour en revenir à notre thèse, si le Saint eût alors résidé à la grotte de Sanilhac, comment le *clergé d'Avignon, suivi d'une infinité de peuple,* eût-il pu aller le chercher à son ermitage éloigné d'une huitaine de lieues de cette ville ? Les collines de Pujault sont à un peu plus d'une heure de nos murs, et, chose digne de remarque, elles étaient alors entièrement boisées ; ce qui coïncide exactement avec l'assertion de Nouguier qui affirme que Vérédème, au moment de son élévation à l'épiscopat, menait *dans la forêt, une vie d'Ange.* Du reste, saint Antonin, dans son *Histoire,* désigne assez clairement la solitude de Pujault comme l'endroit où le clergé et le peuple d'Avignon se rendirent pour faire violence à l'humilité du bienheureux Anachorète.

Notre Saint était-il revêtu du sacerdoce,

lorsqu'il fut appelé à succéder à saint Agricol? Nous ne pouvons le dire, bien que la construction de la chapelle de Saint Pierre faite par lui dans son ermitage de Sanilhac nous autorise à le penser. En effet, à quoi bon élever un autel pour ne pas y immoler la sainte victime? Une simple croix suffit à un ermite qui n'est pas prêtre, pour élever son âme à Dieu et lui adresser ses prières. Dans tous les cas, si saint Vérédème n'avait point encore alors reçu l'ordination sacerdotale, il n'aura pas tardé à la recevoir, puisque, dès l'an 700, c'est à dire dans les quatre mois qui suivirent la mort de saint Agricol, il put s'asseoir *dans sa chaire épiscopale.*

Il ne nous a pas été possible de retrouver aucun souvenir de son administration et de son séjour parmi nous. Les chroniqueurs Avignonais qui ont pris soin de nous conserver le nom des conciles auxquels ses prédécesseurs prirent part, et l'indication des grands évènements auxquels ils assistèrent, se taisent complètement sur les actes de son épiscopat. Tout ce qu'il ont consigné, c'est qu'il ne changea rien à sa manière de vivre, et qu'il continua à Avignon ses austérités d'Anachorète. **Parfois** même, comme nous l'avons dit, il faisait trêve à ses occupations d'Evêque et, monté sur une bête de somme, il allait se recueillir dans la grotte de Sanilhac qui lui était si chère et qui avait été si longtemps pour lui le vestibule et l'*atrium* du Paradis. La mémoire de ces pieux pèlerinages est encore vivante dans nos pays : on l'a fidèlement conservée à Pujault en particulier, et le chemin qui, à Sanilhac et dans ses alentours, porte à la fois le nom de **S.** *Vérédème* et le nom d'*Avignon*, ainsi que nous en avons fait la remarque, est bien propre, on en conviendra, à la transmettre aux générations à venir.

Nouguier fait observer que, sur le siége d'Avignon, « les miracles de St Vérédème furent plus fréquents. » Dieu le voulut ainsi, sans doute, pour affermir dans la foi nos pères, à l'approche de la tribulation ; car les Sarrazins allaient bientôt soumettre notre pays à une terrible épreuve. Mais ce n'est point ici le lieu de raconter des événements qui n'eurent lieu qu'après la mort de notre Saint. Qu'il nous suffise de dire qu'il régit pieusement et saintement son Eglise l'espace de vingt-ans (quelques uns prétendent vingt-deux).

CHAPITRE VII.

Mort précieuse de Saint Vérédème. --- Ses reliques et son culte, avant comme après la Révolution française.

elon Nouguier, c'est le dix-sept juin de l'an **720** que Dieu appela à lui Saint Vérédème, et, en cela, notre vieil historien est à peu près d'accord avec l'épitaphe qui fut gravée sur la tombe du bienheureux Évêque. Comme nous l'avons déjà fait observer, Fornéry (de Carpentras) dans son *Histoire ecclésiastique* du Comtat Venaissin (manuscrit de la Bibliothéque de la ville d'Avignon), nous en a conservé le texte ; il est ainsi conçu :

Veredimus Xri (Christi) *famulus et sanctus ecclesiæ Aven. Epus.* (Episcopus). *Hic pausat in pace. Qui vixit plus minus LXI an. Depositus XV Kal. Julias Episcop. sui XXII indict.* V

« Vérédème , serviteur de J.-C. et saint

évèque d'Avignon, repose ici en paix. Il vécut 61 ans environ ; il mourut le 15 des
Calendes de Juillet, la 22ᵉ année de son épiscopat, indiction cinquième. »

Il fut inhumé, à ce que l'on croit, dans
l'Église que Saint Agricol avait bâtie à la
place de sa maison paternelle et qui porte aujourd'hui son nom dans la ville d'Avignon.
Plus tard, vers 1050, Rostaing de Bérenger,
l'un de ses successeurs sur le siége épiscopal
d'Avignon, fit procéder à l'élévation de ses
restes précieux qu'il plaça dans une magnifi-
que châsse d'argent, travail remarquable d'un
moine bénédictin de l'Abbaye de St. André
de Villeneuve (1). Environ quatre siècles après,
en 1321, le Pape Jean XXII qui siégeait à
Avignon, voulut doter des reliques de Saint
Agricol l'Église de ce Saint qu'il venait de re-
construire, et qu'il avait érigée en collégiale.
Il les fit transporter de l'Église de Notre Dame
des Doms, où elles reposaient, ainsi que celles

---

(1) Nouguier, en citant ce fait, dit que Rostaing
fit donation « du Prieuré de Joncquières à un moine de l'abbaye de S. André, sous la charge de faire
cette châsse d'argent. »

de St. Magne, et il donna en échange à sa cathédrale le corps de Saint Vérédème et celui de deux autres saints évêques d'Avignon. C'est à dater de cette époque, que l'insigne Basilique métropolitaine devint le siége et le centre du culte de notre Saint.

Ce culte avait pris naissance le lendemain même de sa bienheureuse mort : la dévotion populaire l'avait inauguré sur sa tombe sacrée, alors que celle-ci venait à peine d'être scellée, et d'Avignon il s'était promptement répandu dans toute la contrée, à plusieurs lieues à la ronde. Toutes les cathédrales de Provence, telles que celles d'Arles, d'Apt, de Carpentras, de Saint-Paul-Trois-Châteaux, de Cavaillon et de Grasse, ne tardèrent pas à s'unir à celle d'Avignon, à celle d'Uzès et à l'Abbaye de Saint André de Villeneuve pour célébrer sa fête. En particulier, l'Église d'Uzès réclama une portion de ses reliques, qui lui fut généreusement cédée par celle d'Avignon (1) ; ce qui ne l'empêcha pas, à la lon-

---

(1) On peut voir dans les Bollandistes (*Acta sanct.* 4e vol. d'août, p. 636) l'attestation du chanoine Sanguin à ce sujet.

gue, de ne plus tenir compte de son épiscopat et de ne l'honorer que comme Ermite seulement, ainsi qu'on peut le voir au *Propre* d'U-
zès, fait au siècle dernier par Mgr Poncet
de la Rivière.

Mais la collégiale de saint Didier dans Avignon était de toutes les Eglises qui faisaient
annuellement son office, celle qui célébrait
peut-être le plus solennellement sa mémoire.
C'était chose naturelle : en 1404, son chapitre avait été mis, au diocèse d'Uzès, en possession du riche prieuré de S. Martin de Remoulins qui comprenait dans ses dépendances
deux grottes habitées par saint Vérédème
sur les rives du Gardon, celle de la *Balouzièro*
et celle de Sanilhac.

Il paraît que cette dernière, qui avait été illustrée par le plus long séjour du saint ermite, fut de bonne heure un but de pèlerina-
ge : outre les peintures murales dont on voit
de notables vestiges dans l'abside de la petite
chapelle de saint Pierre, on découvre sur les
parois du *soubaù* des fresques fort anciennes
qu el'œil le moins exercé reconnaît pour une
représentation de saint Christophe. Ce Saint
est, comme on sait, le protecteur spécial de ceux

qui passent à gué ou à bac les fleuves et les rivières : il dut être maintes fois invoqué par les pèlerins qui, venant du côté de Nimes, étaient obligés de passer le Gardon.

Il y avait encore un autre sanctuaire où saint Vérédème était également honoré d'un culte spécial. C'est la chapelle qui porte son nom au territoire de Pujault, et qui fut bâtie, vers le XIe siècle, à l'endroit désigné par la tradition, ainsi que nous l'avons dit, comme ayant été son dernier ermitage. Dès l'an 1212, il commençait à être l'objet de donations pieuses : Bertrand de Monteux lui cédait alors tous ses droits sur la Valergue, petite plaine située entre le Rhône et le bois de Fours ; en 1265, Rostaing de Pujault lui faisait une offrande considérable, et, en 1281, Robert II, Evêque d'Avignon, l'unissait à la pitancerie de l'Abbaye de St André de Villeneuve.

Nous n'avons trouvé, pas plus à Jonquières-les-Martigues, qu'à Jonquières-les-Orange et à Jonquières-les-Beaucaire, aucune trace d'un prieuré que l'abbé de Massilian dit porter le nom de saint Vérédème.

Quant à l'Eglise d'Eyguières, elle appartenait autrefois aux religieux de l'ordre de

S. Ruf qui, depuis le **XIII**^e siècle, la desservaient, à titre de chanoines. Celle de Verquières était de longue date une possession de l'évêché d'Avignon; car, en 1155, le Pape Adrien **IV** en confirmait la propriété à Geoffroi, Evêque de cette ville.

Il y avait également à Marguerittes, près de Nimes, une chapelle dédiée à St Gilles : on l'avait bâtie, dit la tradition, à l'endroit où St Vérédème avait fait halte, un jour qu'il était allé faire une visite à saint Gilles dans la *Forêt Gothique*. Malgré toutes nos recherches, nous n'avons pu découvrir si elle était comprise dans les propriétés que le chapitre de St Di dier d'Avignon possédait à Marguerittes; elle fut peut-être détruite pendant les guerres de religion.

La Révolution Française fut seule capable d'interrompre le concert d'hommages que la vénération du peuple rendait dans nos contrée, depuis plus de mille ans, au glorieux Anachorète de la Baume du Gardon. Elle dispersa ses reliques sous les voûtes de NotreDame-des-Doms; elle ferma les églises qui lui étaient dédiées à Verquières, à Eyguières et à Pujault, et elle mit fin au concours qui se faisait à sa grotte de Sanilhac.

Cependant l'heure de la réparation a sonné; les Eglises de Verquières, d'Eyguières (1) et de Pujault se sont rouvertes, et son nom y est encore invoqué par les populations avec la dévotion des anciens jours ; deux Eglises d'Avignon, celle de St Agricol et celle des Dames du Sacré-Cœur, ont pu recueillir quelques unes de ses reliques ; le diocèse d'Avignon et celui de Nîmes célèbrent tous les ans sa fête, et enfin, grâce aux libéralités des âmes Chrétiennes, que provoque la reconnaissance pour les nombreuses grâces qui s'y obtiennent tous les jours, son ermitage de Sanilhac attire de nouveau les pieux fidèles, heureux de vénérer les lieux où il se sanctifiait avec saint Gilles dans l'élan des méditations les plus sublimes et l'exercice des plus rigoureuses pénitences.

Telle est en résumé la vie de saint Vérédème ; tel est en raccourci l'historique de son culte. Nous avons essayé de raconter en peu de mots tout ce que la tradition nous a

---

(1) Il y a dans l'Église d'Eyguières un vieux tableau représentant St Agricol couché sur son lit de mort, et des Anges faisant passer sa crosse et sa mitre à St Vérédème.

légué sur sa mémoire bienheureuse; mais, comme on le voit, tout se concentre dans la Baume de Sanilhac d'abord, dans la Métropole d'Avignon ensuite. Sa légende à la main, nous avons suivi ses traces, autant que cela nous a été possible, et l'on peut nous rendre ce témoignage que nous n'avons rien avancé qui ne soit authentique, ou, tout au moins, vraisemblable et probable. Puisse notre petit travail rappeler à nos populations méridionales la figure d'un Saint qui fut pour nos pères un puissant protecteur, et dont le crédit est toujours immense auprès de Dieu !

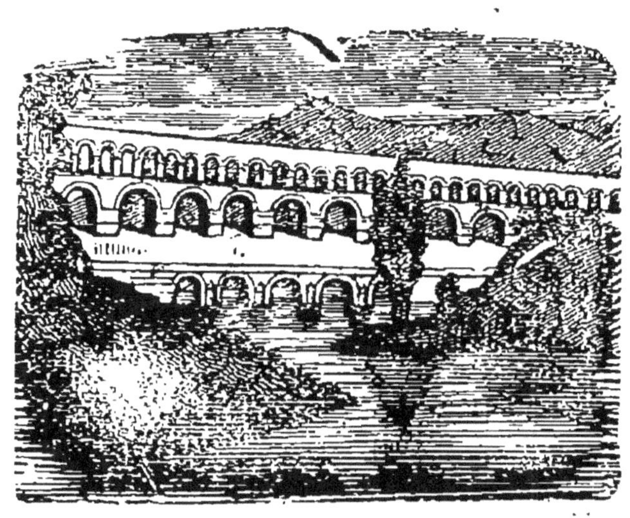

OFFICE DE SAINT VÉRÉDÈME

POUR LE 17 JUIN,

DANS LE DIOCÈSE D'AVIGNON,

ET POUR LE 31 AOUT,

DANS LE DIOCÈSE DE NIMES.

(Approuvé par la S. C. des Rites en 1856 pour le diocèse d'Avignon, et en 1865 pour celui de Nimes)

A LA MESSE

—

Introït.

Sacerdotes tui, Domine, induant justitiam, et Sancti tui exultent; propter David servum tuum, non

Que vos Prêtres, Seigneur, soient revêtus de justice, et que vos Saints tressaillent d'allégresse; en con-

avertas faciam Christi tui. *Ps.* Memento, Domine, David et omnis mansuetudinis ejus. Gloria Patri. *Et l'on répète* Sacerdotes, *jusqu'au Psaume.*

sidération de David, votre serviteur, ne rejetez pas la prière de votre Christ. *Ps.* Souvenez-vous de David, ô Seigneur, et de toute sa mansuétude. Gloire au Père. *Et l'on répète* Que vos prêtres, *jusqu'au Psaume.*

Oraison (Pour le diocèse d'Avignon).

Exaudi, quæsumus Domine, preces nostras, quas in beati Veredemi, Confessoris tui atque Pontificis, solemnitate deferimus, et qui tibi digne meruit famulari, ejus intercedentibus meritis ab omnibus nos absol-

Seigneur, exaucez, nous vous en supplions, les prières que nous vous adressons en la fête de saint Vérédème, votre Confesseur et Pontife, afin que l'intercession et les mérites de celui qui vous a si digne-

ve peccatis. Per D. N. J. C.

ment servi, puissent obtenir de vous le pardon de nos péchés. Par J. C. N. S.

Oraison (Pour le diocèse de Nîmes.)

Deus, qui beatum Veredemium Confessorem tuum atque Pontificem, in mundi contemptu mirabilem effecisti ; concede propitius, ut intercessionis ejus auxilio, fideles tui terrena despiciant, et ad cœlestia semper aspirent. Per D. N. J. C.

Seigneur, qui avez rendu St Vérédème, votre Confesseur et Pontife, admirable dans son mépris pour le monde, accordez, s'il vous plaît, à vos fidèles, par le secours de son intercession, la grâce de mépriser les choses de la terre, et d'aspirer sans cesse après celles du Ciel. Par J. C. N S.

Epître (Pour le diocèse d'Avignon)

Lectio Epistolæ beati Pauli Apostoli ad Hebræos.

Fratres, mementote præpositorum vestrorum qui vobis locuti sunt verbum Dei; quorum intuentes exitum conversationis, imitamini fidem. Jesus Christus heri et hodie; ipse et in secula. Doctrinis variis et peregrinis nolite abduci. Optimum est enim gratia stabiliri cor, non escis quæ non profuerunt ambulantibus in eis. Habemus altare de quo edere

Lecture de l'Epitre de l'Apôtre saint Paul aux Hébreux.

Mes frères, souvenez-vous de ceux qui, étant placés à votre tête, vous ont prêché la parole de Dieu, et, considérant quelle a été la fin de leur vie, imitez leur foi. Jésus-Christ était hier, il est aujourd'hui; et il sera dans tous les siècles. Ne vous laissez point entrainer à des doctrines pleines de variations et d'étrangetés; car il est bon d'affermir son cœur par la

non habent potesta- grâce, et par le discer-
tem qui tabernaculo nement de viandes
desserviunt. Quorum inutiles à ceux qui en
enim animalium in- usent. Nous avons un
fertur sanguis pro pec- autel dont ceux qui
cato in Sancta per servent au taberna-
Pontificem , horum cle, n'ont pas le pou-
corpora cremantur ex- voir de se nourrir. En
tra castra. Propter effet, les corps des
quod et Jesus , ut animaux dont le sang
sanctificaret per suum est porté par le Pon-
sanguinem populum, tife dans le Saint des
extra portam passus Saints pour l'expiation
est. Exeamus igitur des péchés, sont brû-
ad eum extra castra, lés hors du camp, et
improperium ejus c'est pourquoi Jésus,
portantes. Non enim afin de sanctifier le
habemus hic manen- peuple par son propre
tem civitatem, sed fu- sang, a souffert hors
turam inquirimus. la porte de la ville.
Per ipsum ergo offera- Sortons donc aussi
mus hostiam laudis du camp pour aller à
semper Deo, id est, lui, portant tous l'i-
fructum labiorum con- gnominie de sa Croix ;

fitentium nomini ejus. Beneficentiæ autem et communionis nolite oblivisci ; talibus enim hostiis promeretur Deus. Obedite præpositis vestris et subjacete eis. Ipsi enim pervigilant, quasi rationem pro animabus vestris reddituri.

car nous avons n'point ici de cité permanente ; mais nous en cherchons une où nous habiterons un jour. Par lui donc offrons sans cesse à Dieu un sacrifice de louanges, c'est à dire le fruit des lèvres qui rendent gloire à son nom. Souvenez-vous d'exercer la charité et de faire part de vos biens aux autres ; car c'est par des victimes de ce genre que l'on apaise la colère de Dieu. Obéissez à ceux qui sont à votre tête, et soyez-leur soumis, parce qu'ils veillent pour le bien de vos âmes, comme devant en rendre compte à Dieu.

Epitre (Pour le diocèse de Nimes.)

Lectio Epistolæ beati Pauli Apostoli ad Hebræos.

Fratres, plures facti sunt sacerdotes, idcirco quod morte prohiberentur permanere: Jesus autem, eo quod maneat in æternum, sempiternum habet sacerdotium. Unde et salvare in perpetuum potest accedentes per semetipsum ad Deum: semper vivens ad interpellandum pro nobis. Talis enim decebat ut nobis esset Pontifex sanctus, innocens, impollutus, segregatus a peccatoribus et excelsior cœlis

Lecture de l'Epitre de l'Apôtre St Paul aux Hébreux.

Mes frères, il y a eu autrefois plusieurs Grands Prêtres, parce que la mort les empêchait de demeurer toujours. Mais Jésus, par celà seul qu'il demeure éternellement, possède un sacerdoce éternel. C'est pourquoi il peut sauver pour toujours ceux qui s'approchent de Dieu par son entremise, étant toujours vivant afin d'intercéder pour nous. Or, il était convenable que nous eussions un Pontife

factus : qui non habet necessitatem quotidie, quemadmodum sacerdotes, prius pro suis delictis hostias offerre, deinde pro populo : hoc enim fecit semel , seipsum offerendo Jesus Christus Dominus noster.

comme lui, saint, innocent, sans tache, séparé des pécheurs et plus élevé que les cieux, qui ne fut point obligé, comme les autres Pontifes, d'offrir tous les jours des victimes premièrement pour ses propres péchés, et ensuite pour ceux du peuple. C'est ce qu'a fait une fois N. S. J. C. en s'offrant lui-même sur la Croix.

Graduel.

Sacerdotes ejus induam salutari, et sancti ejus exultabunt. ℣. Illuc producam cornu David; paravi lucernam Christo meo.

Je revêtirai de justice ses prêtres, et ses saints tressailleront d'allégresse ℣. Là je ferai éclater la force de David ; là j'ai préparé un flambeau pour mon Christ.

Alleluia, Alleluia. ℣. Juravit Dominus, et non pœnitebit eum : Tu es sacerdos in æternum, secundum ordinem Melchisedech. Alleluia.

Louez Dieu, louez Dieu. ℣. Le Seigneur en a fait le serment, et il ne s'en repentira point: Vous êtes prêtre pour l'éternité, selon l'ordre de Melchisedech. Louez Dieu.

† Sequentia sancti Evangelii secundum Mathæum.

Suite du saint Evangile selon saint Matthieu.

In illo tempore, dixit Jesus discipulis suis : Vigilate, quia nescitis qua hora Dominus vester venturus sit. Illud autem scitote; quoniam si sciret pater familias qua hora fur venturus esset, vigilaret utique, et non sineret perfodi domum suam. Ideo vos

En ce temps là, Jésus dit à ses disciples : Veillez , parce que vous ne savez pas à quelle heure votre Seigneur viendra ; car sachez bien que, si le père de Famille était averti de l'heure à laquelle le voleur doit venir, il est certain qu'il veillerait, et ne

estote parati, quia qua nescitis hora Filius hominis venturus est. Quis, putas, est fidelis servus et prudens quem constituit Dominus super familiam suam, ut det illis cibum in tempore ? Beatus ille servus , quem, cum venerit dominus ejus, invenerit sic facientem. Amen dico vobis, quoniam super omnia bona sua constituet eum.

laisserait point percer sa maison. Tenez-vous donc aussi toujours prêts, vous autres, parce que le Fils de l'homme viendra à l'heure que vous ne pensez pas. Quel est, à votre avis, le serviteur prudent que son maître a établi sur sa famille pour distribuer la nourriture en temps convenable ? Heureux ce serviteur, si son maître, en arrivant, le trouve agissant ainsi. Je vous le dis en vérité, il l'établira sur tous ses biens.

Offertoire.

Verita mea et misericordia mea cum ipso, et in nomine meo exaltabitur cornu ejus.	Ma miséricorde et ma vérité seront avec lui, et sa puissance croîtra par la vertu de mon nom.

Secrète (Pour le diocèse d'Avignon.

Sancti Veredemi Confessoris tui atque Pontificis, quæsumus Domine, annua solemnitas pietati tuæ nos reddat acceptos; ut per hæc piæ placationis officia, et illum beata retributio comitetur, et nobis gratiæ tuæ dona conciliet. Per D. N. J. C.	Nous vous en supplions, Seigneur, faites que la solemnité de saint Vérédème, votre Confesseur et Pontife, nous rende agréables à votre divine Majesté, afin que par ses saintes offrandes, il reçoive un surcroît de gloire et nous procure les dons de votre grâce. Par J. C. N. S.

Secrète (Pour le diocèse de Nimes).

Offerimus tibi, Domine, tuorum fidelium dona solemnia, beati Confessoris tui atque Pontificis Veredemii interventionibus confidentes, ut quod per nos exsequimur minus idonea servitute, illius meritis potius efficiatur acceptum. Per D. N. J. C.	C'est en nous confiant dans l'intercession de St Vérédème votre Confesseur et Pontife, que nous vous offrons, Seigneur, solennellement les dons de vos fidèles, afin que ses mérites vous fassent accepter un hommage que par nous-mêmes nous ne serions point dignes de vous offrir. Par N. S. J. C.

Communion.

Beatus servus quem, cum venerit Dominus ejus, invenerit vigilantem; amen dico vobis, super omnia bona sua constituet eum.	Heureux le serviteur, que son maître, à son arrivée, trouvera veillant; je vous le dis en vérité, il le mettra à la tête de tous ses biens.

Postcommunion (Pour le diocèse d'Avignon.)

Deus, fidelium re- | O Dieu, qui récompensez les âmes fidèles, faites que les prières de St Vérédème, votre Confesseur et Pontife, dont nous célébrons solennellement la fête, nous obtiennent la rémission de nos fautes. Par J. C. N. S.

Deus, fidelium remunerator animarum, præsta ut beati Veredemi confessoris tui atque Pontificis, cujus venerandam celebramus festivitatem, precibus indulgentiam consequamur. Per D. N. J. C.

Postcommmunion (Pour le diocèse de Nimes.)

Consecuti gratiam muneris sacri, supplices, Domine, te rogamus, ut, implorante pro nobis sancto Veredemio Confessore tuo atque Pontifice, divinæ virtutis effec-

Rassasiés de vos dons sacrés, nous vous supplions avec instance, ô Seigneur, de vouloir bien, à la prière de saint Vérédème, votre Confesseur et Pontife, faire ressentir

tum, quem corporaliter sumpsimus, spiritualiter sentiamus. Per D. N. J. C.

à nos âmes la vertu de la divine victime dont viennent de se nourrir nos corps. Par N. S. J. C.

AUX VÊPRES.

Les Antiennes et les Psaumes des confesseurs Pontifes.

Le dernier Psaume aux 1res Vêpres *Laudate Dominum, omnes gentes* et, aux 2mes Vêpres, *Memento, Domine, David.*

Capitule des confesseurs Pontifes.

Hymne, *Iste confessor.*

Oraison de la messe.

Mémoire du lendemain, si ce n'est point la fête patronale.

LITANIES DE SAINT VÉRÉDÈME.

Seigneur, ayez pitié de nous.

Père céleste qui êtes Dieu, ayez pitié de nous.

Dieu le Fils, Rédempteur du monde, ayez pitié de nous.

Esprit Saint, qui êtes Dieu, ayez pitié de nous.

Sainte Marie, qui avez reçu en partage la gloire du Liban, la beauté du Carmel et les magnificences de Saron, priez pour nous.

Saint Vérédème, qui, dès votre plus tendre enfance, avez été docile aux volontés du Très-Haut, et fidèle aux inspirations de sa grâce,

Qui avez su vous arracher à l'affection de vos proches pour vous en aller, loin de votre patrie, vous donner au Seigneur sans réserve et sans partage,

Qui avez généreusement méprisé le monde, et foulé aux pieds ses vanités,

pour vous abandonner tout entier aux subli-
mités de la vie contemplative, priez pour
nous.

Qui, pour éviter les tentations et vous
dérober aux séductions des hommes,
vous êtes condamné à vivre loin du
contact des humains dans les cavernes des rochers et les antres de la
terre ,

Qui, dans l'espoir et l'attente d'une vie
meilleure, avez consenti à vivre ici
bas dans les privations et la pauvreté,

Qui avez été pour S. Gilles dans nos
contrées ce que fut S. Paul pour S.
Antoine dans les déserts de Thébaïde,

Qui avez reproduit, sous les yeux de
nos pères, les prodiges d'Elie, d'Eli-
sée et de leurs disciples,

Qui, vivant dans la chair comme n'en
ayant pas, avez été dans votre retraite la parfaite image de Jean-Baptiste,

Qui avez illustré votre solitude par les
plus éminentes vertus et les plus insi-
gnes miracles,

4.

Que saint Agricol mourant désigna pour son successeur sur la chaire épiscopale d'Avignon, priez pour nous.

Qui n'avez accepté que par obéissance les fonctions sublimes de l'Episcopat,

Qui avez, pendant vingt ans, régi votre peuple avec une rare réputation de sagesse et de sainteté,

Qui avez rehaussé de miracles sans nombre l'exercice de votre charge pastorale,

Qui avez toujours été pour notre pays un puissant protecteur et un père tendre,

Dont le nom et les reliques précieuses font la gloire et l'ornement de notre Eglise,

Saint Vérédème,   Priez pour nous,

Agneau de Dieu, qui effacez les péchés du monde, pardonnez-nous, Seigneur.

Agneau de Dieu, qui effacez les péchés du monde, exaucez-nous, Seigneur.

Agneau de Dieu, qui effacez les péchés du monde, donnez-nous la paix, Seigneur.

℣. Priez pour nous, glorieux saint Vérédème,

℟. Afin que nous nous rendions dignes des promesses de Jésus-Christ.

ORAISON.

O mon Dieu, qui avez rendu saint Vérédème, votre Confesseur et Pontife, admirable dans son mépris pour le monde, accordez, s'il vous plait, par son intercession à vos fidèles la grâce de mépriser les choses de la terre et d'aspirer toujours après celles du Ciel. Par J. C. N. S. Ainsi soit-il.

PRIÈRE A SAINT VÉRÉDÈME.

—

Grand saint Vérédème, qui choisîtes notre contrée pour votre patrie adoptive et qui fûtes pour nos pères leur visible providence, daignez, du haut des cieux où le Seigneur a couronné votre constante fidèlité à son service, abaisser un regard compatissant sur la terre que vous avez sanctifiée par votre présence bénite, et que vous avez illustrée par vos miracles.

Nous sommes les enfants de ceux pour lesquels vous avez si souvent et si efficacement imploré autrefois la miséricorde divine ; nous avons, par conséquent, des droits incontestables à votre protection paternelle.

C'est pour cela que nous venons en toute humilité vous prier de continuer en notre faveur ce puissant patronage qui fut pour nos pères une source si abondante de bénédictions et de grâces. Daignez donc, auguste Pasteur de nos âmes, nous obtenir de la bonté de Dieu une pureté de cœur et de corps que rien ne puisse ternir, un attachement à la Religion Catholique, Apostolique et Romaine que rien ne puisse ébranler, un esprit de foi et de charité que rien ne puisse altérer, et la prospérité matérielle qui nous est nécessaire pour que nous nous occupions sans trouble de la grande affaire de notre salut. Et, si notre vocation nous empêche de suivre votre exemple en quittant le monde pour nous ensevelir dans la solitude, faites, par votre intercession auprès du Seigneur, que nous traversions les biens temporels , de manière à ne pas perdre les biens éternels. Ainsi soit-il.

PRIÈRE A L'USAGE DES PÈLERINS

A L'ERMITAGE

De la Sainte-Baume du Gardon, près Sanilhac (Gard).

———

(L'invocation et l'Oraison qui suivent, ont été presque textuellement extraites d'un très-ancien livre d'heures gothique sur vélin.)

———

Veredemus, Græciæ radius,
Vardonis balmæ solitarius,
Cujus discipulus Egidius,
Et fuisti præsul egregius.

O Egidi, cum feris habitans,
Regis crimen Karoli recitans,

Impetrate quæ nunc sum flagitans,
Apud Deum, ne sim periclitans.

℣. Mirabilis Deus in sanctis suis,
℟. Et gloriosus in majestate sua.

OREMUS.

Deus, qui sanctorum tuorum memoriam agentibus, et eorum opem poscentibus, auxilium in tribulationibus concedis: Sanctorum tuorum Veredemi et Egidii nos tuere præsidiis. Per C. D. N.

La même en Français.

Vérédème, de la Grèce brillant rayon,
Solitaire à la Sainte-Baume du Gardon,
.Qui eûtes S. Gilles pour votre compagnon,
Et fûtes un illustre Evêque d'Avignon,

O saint Gilles, vivant avec les animaux,
Qui avez obtenu pour le roi son pardon,
Obtenez de Dieu ce que nous demandons
D'être sur la terre préservés de tous maux,

℣. Dieu opère des merveilles par ses Saints ;

℟. Il manifeste sa gloire et sa majesté.

ORAISON.

O Dieu, qui accordez votre secours à ceux qui font mémoire de vos Saints, et qui les implorent dans leur tribulations ; protégez-nous par l'intercession de saint Vérédème et saint Gilles. Par J.-C. N.-S.

L'antique Ermitage de S. Vérédème et de S. Gilles peut-être visité tous les jours ; mais l'affluence des pèlerins s'y donne particulièrement rendez-vous : — Le 17 juin (fête de S. Vérédème dans le diocèse d'Avignon) et les trois dimanches après l'Assomption (15 août.) — Le 23 août, fête de la dédicace de l'antique oratoire, bâti par les deux saints Ermites, et pendant son octave. — Le 31 Août, fête de S. Vérédème, dans le diocèse de Nimes. — Le 1er sep-

tembre, fête de S. Gilles, et pendant le
octaves.

Pendant ce temps, c'est à dire, le
juin, le dimanche après l'Assomptio
et depuis le 23 août jusqu'au 8 septemb
la Ste Messe est célébrée tous les jours d
la Sainte chapelle, à 8 heures et dem
— Et le dimanche, à 9 heures et dem
avec les vêpres dans l'après midi et la l
nédiction du T.-S. Sacrement, avant
départ des pèlerins.

Avignon. — Aubanel fr, Imp. de N. S. P. le Pape
et de Mgr l'Archevêque.